CARLOTTA COSSUTTA

Virginia Woolf

MUJERES Y
PENSAMIENTO
POLÍTICO

altamarea

Primera edición en esta colección: febrero de 2025

© 2025 Carlotta Cossutta
© de la presente edición: Altamarea Edición de Libros SL
© de la traducción: Beatriz Gómez-Miedes

Diseño de la colección: Sara Maroto Hebrero
Corrección y maquetación: María Marín

El proyecto «Mujeres y pensamiento político» cuenta con el
apoyo del Istituto di Studi Storici Gaetano Salvemini de Turín

Istituto di studi storici
Gaetano Salvemini

ISBN: 978-84-18481-83-3
DL: M-2189-2025

Impreso en España por Estugraf en enero de 2025

CARLOTTA COSSUTTA

Virginia Woolf

Traducción de
Beatriz Gómez-Miedes

Carlotta Cossutta es investigadora en Filosofía Política en la Universidad de Milán.

NOTA DE LOS EDITORES

¿Cómo y hasta qué punto han contribuido las mujeres a conformar el pensamiento político? Quien busque la respuesta a esta pregunta en los manuales universitarios quedará perplejo: aparte de en contadas excepciones, es muy difícil encontrar nombres femeninos en los textos que recorren la historia del pensamiento político moderno y contemporáneo. Una ausencia aún más llamativa si tenemos en cuenta el gran número de trabajos especializados hoy disponible, dedicados a figuras relevantes, en particular a las mujeres que, desafiando el tradicional monopolio masculino, supieron hacerse notar en los ambientes socio-culturales y en los sectores profesionales —desde la ciencia a la política, del deporte al mundo empresarial— de los que por tanto tiempo fueron excluidas a causa de los prejuicios.

De la constatación de esta ausencia, que testimonia un retraso no exento de culpa, nace la idea de esta colección: una serie de estudios dedicados a pensadoras y teóricas de la política, redactados de manera depurada y eficaz, fruto de recientes investigaciones confiadas a estudiosas y estudiosos de la disciplina. De esta manera se bosqueja una primera panorámica de la fundamental contribución femenina al desarrollo teórico y conceptual, a la deconstrucción y resignificación de los grandes temas que atraviesan «lo político». Un trabajo que aproxima, aunque no siempre coincide, a la historia del pensamiento feminista, de la perspectiva de género y de la emancipación de la mujer, y que permite formar un enfoque novedoso, quizás solo por desconocido, de la instauración de la «modernidad política» que —bajo la mirada de estas pensadoras— se muestra todavía más condicionada por una miríada de aporías.

Cristina Cassina,
Giuseppe Sciara,
Federico Trocini

Cronología esencial

Sydney-Turner, quienes formarán el futuro grupo de Bloomsbury.

1904 Muere el padre y, tras una grave depresión, Virginia intenta suicidarse. En otoño, los cuatro hijos de Stephen se mudan al 46 de Gordon Square, en el distrito de Bloomsbury, donde los amigos de Thoby se reunen todos los jueves. Virginia comienza a colaborar con periódicos y dará clases en una escuela de trabajadores hasta 1907.

1906 Al regreso de un viaje a Grecia, Thoby enferma de tifus y muere.

1907 Vanessa se casa con Clive Bell y Virginia y Adrian se mudan al 29 de Fitzroy Square, donde se reanudan las reuniones intelectuales con la participación de Maynard Keynes, E. M. Forster y Roger Fry.

1908 Virginia comienza a escribir su primera novela, *Melymbrosia,* que cinco años más tarde se convertirá en *The Voyage Out.*

1912 El 10 de agosto se casa con Leonard Woolf en una ceremonia civil; será un matrimonio feliz de enorme importancia para ella, por la estabilidad emocional que le proporciona y el afectuoso apoyo que él le da a su actividad literaria.

1913 Concluye la redacción de *The Voyage Out;* sufre poco después una crisis nerviosa e intenta suicidarse por segunda vez.

1915 Se publica *The Voyage Out* (Duckworth, Londres). Los Woolf se mudan a Hogarth House, Richmond.

en Cambridge, que convergerán en *A Room of One's Own* (Hogarth Press, Londres, 1929).

1931 Se publica *The Waves* (Hogarth Press, Londres), que se convertirá en un éxito notable.

1932 Se publica *The Common Reader: Second Series* (Hogarth Press, Londres).

1933 Se publica *Flush: A Biography* (Hogarth Press, Londres).

1937 Se publica *The Years* (Hogarth Press, Londres), con gran éxito de ventas. Julian Bell, el hijo mayor de Vanessa, participa y muere en la Guerra Civil española como conductor de ambulancia. A raíz de este duelo compone *Three Guineas,* una reflexión fundamental sobre la relación entre la guerra y las mujeres, concebida como continuación ideal de *A Room of One's Own.*

1938 Se publica *Three Guineas* (Hogarth Press, Londres), y comienza a trabajar en la que será su última novela, *Between the Acts.*

1940 Se publica *Roger Fry: A Biography* (Hogarth Press, Londres). Para huir del bombardeo de Londres, los Woolf se refugian en su casa de campo.

1941 El 26 de febrero finaliza la redacción de *Between the Acts,* pero sus condiciones mentales son cada vez más críticas, está convencida de que podría volverse loca. Escribe una carta a Leonard y otra a Vanessa y, el 28 de marzo, se arroja, con una piedra en el bolsillo, al río Ouse.

I. Si la política me aburrió un poco, la forma de retratar a los personajes me impresionó*

El 7 de febrero de 1910, el acorazado Dreadnought (es decir, «Intrépido») fondea en la bahía de Weymouth, en la costa de Dorset. El Dreadnought había sido botado en 1906: desplaza 18.000 toneladas, navega a 18 nudos y está equipado con diez cañones de 305 mm. Cuesta casi el doble que otros buques de guerra británicos, pero tiene la mayor potencia de fuego marítima del mundo. Es el buque insignia de la llamada Home Fleet (es decir, la flota destinada a garantizar el dominio de Inglaterra en el Canal de la Mancha) y su nombre está a punto de ser utilizado como «marca» para la clase de nuevos acorazados.

Aquella mañana, el orgullo y prez de la Armada británica está a punto de recibir la visita de una delegación extranjera encabezada nada menos que por

* Los títulos de los capítulos de este ensayo provienen de los *Diarios* de Virginia Woolf.

el emperador de Etiopía. La noticia fue anunciada con un telegrama de sir Arthur Harding, del Foreign Office (el Ministerio de Asuntos Exteriores), al almirante sir William May, comandante en jefe de la Home Fleet. La delegación, compuesta por el emperador y otros tres notables etíopes, la escolta Herbert Cholmondley —también del Foreign Office— y un intérprete puesto a disposición por el cuerpo diplomático. Los etíopes usan túnicas y turbantes bordados. Cholmondley viste sombrero de copa y chaqueta de cola; por su parte, el intérprete se limita a una ropa menos formal: bombín y chaqueta oscura.

El grupo parte de la estación de Paddington con gran fanfarria y es recibido en Weymouth con grandes honores.

La visita al Dreadnought tiene una duración de una hora. En el barco, además de la Union Jack, se había izado la bandera del sultanato de Zanzíbar, la única disponible, pero el emperador, benignamente, se abstuvo de señalar la metedura de pata. A la delegación, encabezada por un nutrido grupo de oficiales uniformados, se le muestra con orgullo el puesto de mando de tiro y las instalaciones de comunicaciones telegráficas. Las relaciones con los oficiales del barco son difíciles, porque ninguno de los augustos invitados habla una palabra de inglés, pero la visita está marcada por frecuentes «¡Bunga!

¡Bunga!» y «¡Chukachoi! ¡Chukachoi!», los cuales, según el intérprete, corresponden a expresiones de alta estima y admiración.

El recorrido, empañado únicamente por una lluvia torrencial, debería terminar con una invitación a un almuerzo oficial, que sin embargo los invitados rechazan cortésmente debido a las estrictas normas dietéticas que siguen; y la falta de alfombras para la oración, necesarias para los rezos de la tarde, obliga al grupo a abandonar el barco antes del atardecer. En el viaje de regreso, el grupo de etíopes es recibido por multitudes que los vitorean e incluso el tren en el que viajan se detiene para permitir que el personal del vagón restaurante compre los guantes blancos necesarios para servir a la realeza.

Solo a la mañana siguiente se revelará que se trataba de una broma. La delegación, de hecho, estaba compuesta por Horace de Vere Cole, poeta e ideador de la pantomima, Anthony Buxton, joven naturalista que interpretó al emperador de Etiopía, Grant Duncan (pintor) y Guy Ridley (hijo de un juez) en el papel de los personajes de dos miembros del séquito, mientras que los papeles del intérprete y del cuarto notable abisinio fueron confiados respectivamente a Adrian Stephen y a su hermana Virginia, que inicialmente no debía participar, pero que luego aseguró estar más que preparada y feliz de

hacerlo. Con disfraces, barbas, turbantes, trajes tea-
trales y un lenguaje inventado que mezclaba pasajes
de la *Eneida*, palabras en griego clásico y swahili,
el grupo de amigos se había burlado de la Armada
y ridiculizado los delirios de grandeza del Imperio
británico, que no es capaz de reconocer a una mujer,
Virginia Woolf, disfrazada de príncipe Mendex (un
nombre y una declaración, podría decirse, dado que
se trata de una deformación no muy disimulada de
mendax, que en latín significa «mentiroso»).

Al estudiar el episodio, Hermione Lee lo interpre-
ta como una broma y como un acto político que se
«mofa del Imperio, se infiltra en las defensas de la nación, se burla de los procedimientos burocráticos, ofrece travestismo y ambigüedad sexual» [Lee 1997:279].
Kathy Phillips [1994:248] también aprecia que, con
la pantomima, Woolf cuestionaba la autoridad del
Imperio, al que «identificaba con el colonizador».
Jean Kennard lo presenta como «un juego de poder
contra los emblemas tradicionales de superioridad,
masculinidad y "blancura"» [Kennard 1996:151]. En
la broma, por tanto, podemos encontrar muchos de
los temas que caracterizarán el pensamiento político
de Virginia Woolf: el pacifismo, la crítica a cualquier
nacionalismo o imperialismo y el cuestionamiento de
los roles de género. Pero, sobre todo, apreciamos la
capacidad de reírse y de hacer reír, que es el elemento

central para Woolf en este episodio [Johnston 2009], y de considerar el ridículo como un gesto político al difuminar los límites de lo que puede considerarse acción política. Como veremos, la idea de que podemos reírnos del opresor y que en la risa reside una fuerza subversiva será la característica más sorprendente del pensamiento político de Woolf, también porque contrasta con una creencia común que ve a la autora solo como una mujer atormentada y deprimida.

Virginia Woolf, nacida Virginia Stephen, es una autora conocidísima, no solo fundamental para la cultura literaria, sino también para la cultura popular, pues ha sido protagonista de películas, obras de teatro, canciones, cuentos, hasta el punto de hacer que nos preguntemos «¿quién teme a Virginia Woolf?» [Albee 1962]. Virginia Woolf fue y es ciertamente fundamental a la hora de repensar y cuestionar el panorama literario del siglo xx no solo a través de los contenidos de sus obras, sino también gracias al trabajo sobre su forma y estilo. En cambio, su perspectiva política, lo que podemos definir como su teoría política, a menudo queda un poco en la sombra, incluso si, como nos recuerdan numerosas críticas y críticos, podemos encontrarla latente —o, a veces, patente— en su producción literaria. La elección de utilizar también la literatura como forma de expresión de una teoría política socava la idea de que es posible separar claramente los dos géneros, el ensayo y la novela, y las dos formas de escritura, la ensayística y la literaria.

Virginia Woolf nació en 1882 en el seno de una familia burguesa y numerosa, una familia con muchas luces y muchas sombras. Las luces son el acceso al mundo cultural e intelectual que permiten a Virginia Woolf estar en contacto con buena parte de la producción cultural de su época. Las sombras son, sin duda, la imposibilidad que tiene la escritora de emprender estudios iguales a los de sus hermanos varones, pero también la violencia que impregna la familia heterosexual burguesa, hasta el punto de que tanto ella como su hermana sufren abusos a mano de los hermanastros [DeSalvo 1989, Gill 2019]. Además, la vida de la familia está marcada por una serie de muertes: la primera, en 1895, la de la madre. En consecuencia, la hermana mayor, Stella, hija de un matrimonio anterior, se encontró a cargo de la familia, pero muere en 1897 y deja un gran vacío en la vida de Virginia. Por último, en 1904 muere el padre. Una familia golpeada por numerosos sufrimientos que influyen fuertemente en la psique de Virginia Woolf: luchará a lo largo de su vida contra una larga serie de periodos depresivos que la llevarán al suicidio en 1941, en medio de una vida muy rica y estimulante. Woolf, de hecho, es parte fundamental del grupo de Bloomsbury [Rosner 2014] y por tanto vive el florecimiento de la cultura progresista de la época, además de fundar en 1917 junto a su marido Leonard una editorial, Hogarth Press, que publicará a todos los grandes pensadores y novelistas de la época, Sigmund Freud entre ellos.

Woolf es, pues, parte de la gran cultura de su tiempo y alguien, a la vez, excluida de ella por el hecho de ser mujer y no haber tenido acceso a una educación académica. Esto le permite un punto de vista epistémico privilegiado, una perspectiva marginal, caracterizada por una difracción que se revela esencial para criticar los cánones y las formas tradicionales de la política y de la filosofía. No es coincidencia, por tanto, que en la novela *Orlando* el narrador de Woolf se refiera a la «filosofía» o a los «filósofos» siete veces. Estas referencias, significativamente, no pretenden señalar una centralidad del pensamiento filosófico, sino trazar estratégicamente la decadencia y desaparición definitiva de la filosofía. Las dos primeras referencias remiten al reinado de Jacobo I, en el siglo XVII, cuando la filosofía se presenta como si fuera aún la guardiana que vigila la puerta que da a la supuesta Verdad. Dada la posición superior de la filosofía en el mundo de la cultura, las palabras de los filósofos tienen una autoridad epistémica considerable, que el narrador de Woolf enfatiza recurriendo a los filósofos para legitimar un punto de vista particular.

Por ejemplo, cuando el estado de ánimo de Orlando pasa de la euforia a la desesperación, el narrador interviene: «Tiene razón el filósofo que dice que algo tan sutil como la hoja de la navaja separa la felicidad de la melancolía» [*Orlando,* 1956:45]. En una escena un poco posterior, se vuelve a invocar a los filósofos para confirmar algunas opiniones. En otra ocasión se vuelve a recurrir a los filósofos para que expliquen la transformación de Orlando de hombre a mujer. Después de la metamorfosis, Orlando se vuelve más modesto y vanidoso. La razón, dirán «algunos filósofos» [*Orlando,* 1956:187], es el cambio de vestimenta, que afecta al carácter y que marca un vínculo determinista entre el sexo y las características morales individuales. Entonces, sin embargo, se reniega de la perspectiva de los filósofos, porque, como subraya el narrador: «Esta es la opinión de algunos filósofos y sabios, pero en general nos inclinamos por otra» [*Orlando,* 1956:188]. A partir de este momento, la filosofía se menciona solo dos veces, pero ya no se invoca a los filósofos para legitimar una idea o una forma de pensar en particular. En efecto, en el contexto histórico del *Orlando,* la filosofía muere en el siglo XIX, porque cuando la novela entra en el siglo XX ya no hay referencias a la filosofía ni a los filósofos, que se vuelven inútiles cuando pretenden descubrir una verdad única frente a una realidad fluida.

En el mundo de oposiciones binarias en el que se mueve la filosofía descrita por Woolf, están lo masculino o lo femenino, la vida o la muerte, el bien o el mal, y si el ser humano quiere comprender correctamente el mundo, debe adoptar un sistema conceptual que identifique y defina claramente lo que cada opuesto conceptual es en sí mismo. Pero después de la desaparición de la filosofía, la mente funciona de manera diferente, lo que conduce a una nueva visión de los conceptos:

> Todo era en parte otra cosa, y cada cosa adquirió un extraño poder de movimiento de esta unión de sí misma y algo que no era sí misma, de modo que con esta mezcla de verdad y falsedad la mente de ella [Orlando] se hizo como un bosque en el que las cosas se movían; las luces y las sombras cambiaron y una cosa se convirtió en otra [*Orlando,* 1956:323].

En este punto de la novela, que describe los acontecimientos más recientes (1928), el paradigma tradicional de la filosofía se ha desmoronado, según el narrador de Woolf, con el descubrimiento de que cada concepto cambia y evoluciona de tal manera que una cosa puede incluso convertirse en otra y sumir en la crisis el principio de no contradicción. Este punto de vista es claramente un anatema para los tradicionalistas, porque implícitamente rechaza la idea de un concepto inmutable e independiente de la mente que permanece de forma estable como lo que es, lo entiendan o no los humanos.

Ciertamente, hay muchas razones por las que la voz narrativa de Woolf asesta el golpe de gracia a la filosofía y a los filósofos en *Orlando,* pero para entenderlas es útil recordar *Al faro,* una novela de 1927 que muestra dos enfoques distintos del conocimiento: el enfoque filosófico de Mr. Ramsay y el de Charles Tansley, que se define en términos de «sujeto y objeto y la naturaleza de la realidad» [*To the Lighthouse,* 1981:23], y el enfoque de Mrs. Ramsay y de Lily Briscoe, que se define en términos de *«intimacy itself»,* una experiencia que se considera «no conocimiento sino unidad» en un pasaje, pero que luego se define como «conocimiento» poco más adelante [*To the Lighthouse,* 1981:51]. En esta novela, Woolf deja claro que el conocimiento filosófico no es válido, aunque en realidad son las devastadoras consecuencias interpersonales y psicológicas de adoptar un enfoque filosófico del conocimiento las que más le interesan. Para Woolf, de hecho, la filosofía, con sus pretensiones de universalidad y objetividad, hace imposible la conexión y la intimidad humanas, una sensibilidad básica para colmar las necesidades y deseos de los seres humanos, y por eso es necesario prohibir la filosofía y los filósofos [Lackey 2006].

Irónicamente, Mrs. Ramsay y Lily Briscoe, que implícitamente rechazan los supuestos filosóficos de Mr. Ramsay y de Charles Tansley, tienen una comprensión del conocimiento mucho más sofisticada que ambos «filósofos». A diferencia de Ramsay, que ve el conocimiento como progresión teleológica que culmina en una Verdad metafísica final, Lily no concibe el conocimiento como una construcción hacia un pronunciamiento filosófico final. Por el contrario, piensa en el conocimiento en términos no teleológicos: «Pequeños milagros cotidianos, iluminaciones, cerillas encendidas inesperadamente en la oscuridad» [*To the Lighthouse,* 1981:161]. De hecho, el narrador comparte la visión del conocimiento de Lily, porque cuando Mr. Ramsay se convence de que nunca completará el alfabeto de la Verdad, contradice directamente al anciano filósofo con la observación entre paréntesis: «Como si el pensamiento corriera, como un alfabeto, de la A a la Z» [*To the Lighthouse,* 1981:120].

Woolf critica lo que define como una tiranía de la filosofía, es decir, la pretensión de poder saberlo todo, de poder revelar los mecanismos de la realidad y la interioridad humanas. Para Woolf, esto es un engaño que nos aleja de la posibilidad de comprender el mundo, sobre todo porque no ve, o no quiere ver, la centralidad del inconsciente en el desarrollo humano. La ceguera de los filósofos para con el inconsciente los limita de dos maneras: los vuelve epistemológicamente arrogantes, hasta el punto de no cuestionar la legitimidad de su marco conceptual racional y lógico; y, por tanto, los hace sensibles a proyectar en los demás un discurso que ni siquiera creen creer. Solo si se reconoce la existencia del inconsciente y se le somete a un intenso escrutinio, eliminando la mentira que se ha apoderado de él desde dentro, es posible neutralizar su efecto potencialmente tiránico.

Esta crítica de la mentalidad filosófica es crucial para el proyecto de Woolf, que pretende crear las condiciones epistemológicas para experimentar una intimidad humana. Si el inconsciente, como «modo creativo» y poder tiránico, es la base y el fundamento de nuestro ser plenamente humano, entonces ignorarlo nos haría incapaces de conocer y de conectarnos con otros seres humanos. Por lo tanto, para experimentar la posibilidad de conexión y de intimidad, que ya es conocimiento en sí misma, debemos reconocer la existencia del inconsciente siempre cambiante y siempre contingente.

Woolf, así, a pesar de recibir influencias de la filosofía al comienzo de su carrera, cambió radicalmente de opinión hacia 1920, lo que la llevó a atacar la filosofía de manera directa y selectiva a mediados y a finales de los años veinte.

La razón de este cambio de opinión está en el intento de reflexionar sobre la figura del padre, que poseía una mente filosófica, pero que era prácticamente incapaz, según Woolf, de comprender a los seres humanos como individuos. Como dice Woolf de su padre en su autobiografía, él era «consciente de su fracaso como filósofo» [*A Sketch of the Past,* 1985:145], una definición que recuerda a Mr. Ramsay. De hecho, Leslie Stephen se parece mucho a Mr. Ramsay en «su severo amor por la verdad» [*ibidem,* 134], en su comportamiento «tiránico» [*ibidem,* 106] y en su incesante «egoísmo» [*ibidem,* 147]. Pero lo que es más relevante es la incapacidad de Stephen para comprender el carácter humano. Dice Woolf acerca de su padre:

> La razón de esa total inconsciencia en su comportamiento debe buscarse en la disparidad, tan obvia en su libro, entre el poder crítico y el imaginativo. Si le pedimos que analice una idea, digamos el pensamiento de Mill, Bentham o Hobbes, demuestra ser (así me dijo Maynard) un modelo de agudeza, claridad e imparcialidad. Pídele que explique un personaje novelesco y resulta (para mí) tan crudo, tan elemental, tan convencional que un niño con una tiza podría hacer un retrato más sutil [*Diary,* IV:146].

Que la crítica de la filosofía pase también por una crítica de la figura paterna es particularmente interesante cuando se considera la necesidad, para Woolf, de imaginar formas de genealogía de pensamiento que vinculen a mujeres de diferentes épocas, que pase por las «madres» más que por los «padres». Pero también es relevante comprender cómo para Woolf la teoría solo puede pasar por la vida, por las experiencias, gracias al entrelazamiento del inconsciente con la reflexión y las emociones. No es casualidad que, cuando habla de Mary Wollstonecraft, elogie su capacidad de cambiar de opinión a medida que cambian sus condiciones de vida, subrayando cómo sus pensamientos están constantemente en relación con las vivencias y las experiencias:

> Formulaba a diario teorías según las cuales se debía vivir la vida; y todos los días se topaba con la roca de los prejuicios ajenos. Además, cada día —pues no era ninguna pedante ni una teórica insensible— nacía en ella algo que dejaba de lado las viejas teorías y la obligaba a modelarlas de nuevo [*The Second Common Reader,* 1932:144].

Por lo tanto, para Woolf la teoría no puede separarse de la vida y de sus aspectos más inexplicables, más insondables. En este sentido,

> para Woolf, como para Freud, los impulsos y deseos inconscientes ejercen constantemente una presión sobre

nuestros pensamientos y acciones conscientes. El pensamiento consciente, entonces, debe verse como la manifestación «sobredeterminada» de una multiplicidad de estructuras que se cruzan para producir esa constelación inestable que los humanistas liberales llaman el «yo» [Moi 1985:16].

Woolf enfoca el conocimiento, pues, como un análisis del camino y de la genealogía del saber más que como objetivo último: pretende mostrar el camino por el cual se construye una opinión, que se vuelve más importante que el logro del conocimiento y la verdad suprema. De esta manera, también anticipa el énfasis que pone la teoría feminista más reciente en el conocimiento experimental, pues el conocimiento se produce y se comprende en contextos sociales particulares de vida y posicionamiento. El objetivo, por tanto, es socavar las pretensiones de absolutidad de los hechos y objetividad de gran parte de la teorización (masculina), no para reivindicar el relativismo, sino para poder superar modos de universalización que solo funcionan negando vidas y experiencias.

Esta mirada de soslayo a la teoría, sin embargo, nunca conduce a formas de inmovilismo, no solo, como veremos, en las tesis apoyadas en sus ensayos, sino también en la política que Woolf lleva a la práctica. No se trata de exagerar la implicación de Virginia

Woolf en el movimiento feminista, pero tampoco debemos cometer el error contrario, es decir, minimizarla o imaginar a una autora completamente alejada de la política. Cuando su primer biógrafo, su sobrino Quentin Bell, escribió sobre el tema [Bell 1972], se creía que Woolf había tenido poco contacto con el activismo feminista. Se consideraba que la protesta feminista se preocupaba principalmente por el derecho al voto y, en este sentido, ella se había limitado a colaborar brevemente como repartidora de octavillas y a sentarse en el estrado de un grupo sufragista relativamente desconocido.

Hoy sabemos de una serie de contactos más sustanciales entre Virginia Woolf y las organizaciones feministas [Black 2004], pero todavía se tiende a subestimar su importancia. En general, Woolf creció en un ambiente que fomentó el valor de la educación, de las oportunidades profesionales, de la igualdad política y del compromiso político organizado para y por las mujeres. Otras mujeres de su entorno y generación estuvieron entre las primeras profesionales liberales de Inglaterra y entre las primeras estudiantes de los colegios femeninos de Cambridge y Oxford. En el siglo XX, sus hijas y nietas —como las nietas de Woolf, Ann y Judith Stephen, que asistieron al Newnham College— se matriculaban con frecuencia en la universidad, a la vez que amigos y familiares eran directores de colegios para mujeres. Pernel Strachey dirigió Newnham de 1923 a 1941, y estuvo precedida por Katherine Stephen, prima de Woolf; Janet Vaughan, prima segunda de Woolf, aparece en *Una habitación propia* como modelo para los personajes Chloe y Olivia cuando era estudiante de Medicina en el Somerville College (Oxford), del que fue directora en 1945.

Sin embargo, esta predisposición no condujo a expresiones de activismo en la vida diaria de Woolf, ya que ninguno de sus parientes cercanos estaba directamente involucrado en la política feminista y, de hecho, el caso de su madre era ya bastante inusual para una mujer de aquel *milieu* intelectual y aquella clase social, pues se oponía a los cambios en la condición de las mujeres; Julia Stephen incluso firmó la famosa «Apelación contra el sufragio femenino» publicada en *Nineteenth Century* en 1889 y desaprobó la escolaridad para las mujeres. El padre de Woolf, Leslie Stephen, se opuso a conceder inmediatamente el derecho al voto a las mujeres, aunque apoyó la educación y la actividad profesional de estas. En este contexto, Woolf ciertamente creció como una *outsider* del mundo público en el que las mujeres políticamente activas comenzaban a desempeñar un papel importante. Era una *outsider,* una no-miembro, siempre plenamente consciente de los excesos, incluso de los absurdos, de las organizaciones que, sin embargo, apoyaba, pero en las que no estaba acostumbrada a participar. Al mismo tiempo, ya adulta, Woolf era una escritora profesional y una figura pública que aportaba regularmente ingresos a la familia y podía influir en la opinión pública si lo deseaba. Además, tuvo contactos más que personales con el feminismo organizado, y no solo con el activismo sufragista, sino también con otros grupos de mujeres, incluidos aquellos que hoy no dudaríamos en considerar una parte importante del activismo feminista.

El primer vínculo directo de Woolf con el activismo feminista parece remontarse a 1910, cuando trabajaba para una organización llamada People's Suffrage Federation (PSF). Aunque tenía algunos miembros independientes, el PSF era esencialmente una organización que agrupaba a las mujeres auxiliares del movimiento laborista británico, así como al Women's Co-operative Guild (WCG), cuya secretaria general, Margaret Llewelyn Davies, estaba entre las fundadoras del PSF. Virginia Woolf aún no conocía a Davies cuando, en enero de 1910, le escribió para ofrecer sus servicios a Janet Case, su antigua profesora de latín y querida amiga, que formaba parte de la junta directiva del PSF. Cuando se le pidió que escribiera o investigara para People's Suffrage, Woolf señaló que al final se ocupó de las direcciones a las que se enviaban cartas y peticiones. En abril enfermó y fue llevada a Dorset para recibir tratamiento, y no hay constancia de que retomara la relación con el psf. Sin embargo, existen rastros fragmentarios de otros contactos con el movimiento sufragista. En noviembre de 1910, en una carta, informaba sarcásticamente de su asistencia a dos reuniones sobre el sufragio en el Albert Hall, y escribía que sentía que había perdido mucho tiempo ocupándose del derecho al voto [*Letters,* 1, 421, 426, 438]. Pero, en marzo de 1918, cuando ambos Woolf acudieron a la gran reunión en Kingsway Hall para celebrar la concesión del derecho al sufragio —aunque con restricciones— a las mujeres, ella intentó en vano encontrar formas expresivas adecuadas para el «triunfo» [*Diary,* 1, 125].

De hecho, la batalla por el sufragio había sido larga y tortuosa. En Gran Bretaña, desde finales de la década de 1860, se habían formado grupos y asociaciones dedicadas a la causa del sufragio femenino con una participación masiva. Sin embargo, el primer proyecto de ley sobre el sufragio femenino se había presentado en el Parlamento ya en 1832. En 1867, John Stuart Mill promovió el primer debate parlamentario sobre el sufragio femenino, defendiendo una enmienda a la *Second Reform Bill* que iba a permitir el voto a las mujeres propietarias. La enmienda propuesta por Mill fue rechazada, pero actuó como catalizadora para las mujeres activistas en toda Gran Bretaña. En 1897, varias organizaciones sufragistas locales y nacionales se unieron bajo la bandera de la National Union of Women's Suffrage Societies (NUWSS) específicamente para hacer campaña a favor del voto femenino en los mismos términos que «se concede o se puede conceder a los hombres». La NUWSS tuvo un enfoque reformista y prefirió celebrar reuniones públicas y presionar al Parlamento con exigencias políticas.

Por otro lado, la Women's Social and Political Union (WSPU), fundada en 1903, tenía un carácter más militante. Casi de inmediato caracterizó su campaña con iniciativas y acciones violentas y disruptivas, llamadas «acciones directas». Se encadenaron a las rejas, prendieron fuego a propiedades públicas y privadas e interrumpieron discursos tanto en reuniones públicas como en la Cámara de los Comunes, pusieron bombas en los buzones y organizaron jornadas de destrucción de escaparates en calles comerciales, siguiendo el lema de la líder de las sufragistas, Emmeline Pankhurst, que afirmaba que «el argumento más fuerte en política es un escaparate roto». Además, la WSPU participó en manifestaciones, celebró reuniones públicas y publicó periódicos y otros materiales informativos. Las sufragistas sufrieron una dura represión, muchas fueron encarceladas y, en la cárcel, optaron por hacer huelga de hambre para ser reconocidas como presas políticas. La reacción a estas huelgas de hambre fue primero la alimentación forzada de las sufragistas y, luego, la estrategia llamada «del gato y el ratón», que consistió en liberar a las mujeres en huelga y devolverlas a la cárcel una vez recuperada la salud. Una de las sufragistas más famosas fue Emily Davison: en 1913 se tiró delante del caballo del rey en el Derby de Epsom. Murió a causa de las heridas y el funeral se convirtió en una movilización imponente.

A pesar de las diferencias estratégicas, las dos organizaciones dominaron la campaña por el sufragio femenino y fueron dirigidas por figuras clave como Pankhurst, Emmeline, su madre y sus hijas Christabel, Sylvia y Adela, y Millicent Fawcett.

El resultado de estos esfuerzos fue que a algunas mujeres finalmente se les concedió el voto en 1918. Sin embargo, muchas mujeres, particularmente las de clase trabajadora, siguieron excluidas del derecho al voto. De hecho, la *Representation of the People Act* concedía el derecho al voto a todos los hombres mayores de veintiún años y a las mujeres mayores de treinta años que ya tuvieran derecho al voto en las elecciones locales y que además fuesen cabezas de familia, esposas de cabezas de familia, propietarias de activos por valor de más de cinco libras esterlinas o graduadas. El sufragio universal finalmente se conquistó en 1928 y se proclamó en la *Equal Franchise Act.*

En este contexto, la implicación con el PSF, por breve que fuera, es la única de la que Woolf informa directamente, pero es suficiente para mostrar su conocimiento de las actividades de las sufragistas y de sus luchas, incluidas las intestinas. Y si bien incluyó la lucha por el derecho al voto entre las principales influencias de su vida, registró la aprobación final de la ley de sufragio en enero de 1928 con su habitual ambivalencia: «No me siento mucho más importante, tal vez un poco más. Es como un título nobiliario: puede ser útil para impresionar a las personas que uno desprecia». Y concluye: «Pero hay que considerar también otros aspectos, naturalmente» [*Diary,* I, 104]. Una actitud que demuestra que es consciente de la importancia del voto y, al mismo tiempo, las limitaciones que este presenta a la hora de cambiar verdaderamente la condición de la mujer.

Por este motivo es interesante observar otra actividad política relevante de Woolf, que en los años 1913-1933 se involucró en el movimiento cooperativo con diversas actividades, incluida la participación en congresos y en las publicaciones del Women's Co-operative Guild. Quizás porque su participación se ciñó principalmente a lo que se consideraba el sector femenino, considerado auxiliar y secundario, ni Woolf ni nadie parecen haber visto su participación como una actividad política importante, ni parecen haberle prestado la debida atención. De hecho, el WCG nació como rama femenina del movimiento cooperativo de los consumidores de Inglaterra, pero alcanzó rápidamente un sorprendente grado de autonomía. Fue concebido por los líderes masculinos del grupo como una forma de alentar a las esposas de los cooperativistas a frecuentar las tiendas cooperativas, que eran relativamente más caras. Para las fundadoras, que eran esposas, hermanas e hijas de los líderes del movimiento y que participaban activamente en él, otra cuestión importante era la educación de adultos para las mujeres poco alfabetizadas del grupo. Además, desde el principio, uno de los cuatro objetivos de la WCG fue el ambicioso objetivo de mejorar la condición de las mujeres en todo el país. Después de que Davies se convirtiera en secretaria general, la WCG presionó para conseguir que las mujeres tuvieran un papel más amplio e igualitario dentro del movimiento cooperativo y también en la sociedad en general y, radicalmente, apoyó la legalización del divorcio y del aborto.

Virginia participó con convicción en la WCG, hasta el punto de que, cuando Leonard Woolf investigaba las condiciones industriales y el cooperativismo en 1913, ella lo acompañó a Mánchester, Liverpool, Leeds, Glasgow y Leicester, además de a Newcastle, por lo que, gracias a sus escritos, se convirtió en la convención anual más famosa del Women's Co-operative Guild. Un año más tarde, mientras se recuperaba de una enfermedad y del segundo intento de suicidio, estudió manuales cooperativos y en diciembre leyó el vasto conjunto de cartas que se convirtieron en *Maternity: Letters from Working Women,* que Davies publicó en la WCG a instancias de Woolf para informar sobre las peculiares condiciones de las mujeres madres y trabajadoras.

De esta participación política emerge con fuerza uno de los rasgos fundamentales del pensamiento de Woolf: la atención a las condiciones materiales. Si, de hecho, la aprehensión solo puede producirse a través de un conocimiento experimental, que no reproduce las abstracciones objetivadoras de los filósofos, sino que da espacio a la vida y a la experiencia, aquella no puede dejar de cuestionar las condiciones materiales en las que la experiencia crece y se produce. La centralidad del inconsciente, de la dimensión simbólica y del lenguaje, por tanto, en Woolf nunca está desconectada de una perspectiva extremadamente concreta, arraigada en la materialidad de su vida y de la ajena.

II. El cerebro fuerte y activo, la independencia y el amor propio

La reflexión política de Virginia Woolf aflora en numerosos ensayos, pero sobre todo en dos obras célebres que se han convertido en fuentes privilegiadas para comprender su pensamiento socioeconómico. Se trata de *Three Guineas* [1938] y *A Room of One's Own* [1929], que nos servirán de hilo conductor en las páginas siguientes. Los principales temas elaborados en estas dos obras impregnan también los escenarios de muchas de sus novelas, en particular *Jacob's Room* [1922], *Mrs. Dalloway* [1925] y *The Years* [1937], y conforman un todo orgánico en el que reverberan las teorías políticas en los personajes de las novelas a través de una reflexión sobre la escritura que encuentra espacio, sobre todo, en *Una habitación propia*.

Este trabajo es esencialmente un ensayo extenso «basado en dos informes leídos en la Arts Society de Newnham y Girton en octubre de 1928» [*A Room of*

One's Own, 1]. Woolf explica que le habían pedido que diera una conferencia sobre «mujeres y literatura». Las dos disertaciones resultantes se fusionaron y las instituciones se fusionaron en una sola universidad rebautizada como «Oxbridge», una contracción de los nombres de Oxford y Cambridge. Cada capítulo analiza un tema particular que parte de una pregunta central: ¿es el objeto de la conferencia estudiar a las mujeres que escriben narrativa, a las mujeres en general, y cómo se retrata a las mujeres en la narrativa? [*A Room of One's Own,* 3]. La primera respuesta es que estas tres formas de ver el tema están interconectadas. La segunda abre un nuevo interrogante, que es el realmente interesante: qué tipo de entorno y de situación son necesarios para que una mujer pueda escribir literatura o, dicho de otra manera, ¿cuáles son los aspectos económicos que condicionan a las «mujeres que escriben narrativa»?

Significativamente, el primer capítulo de *Una habitación propia* trata de la violación de la propiedad privada: una mujer irrumpe en el césped de Oxbridge y es inmediatamente ahuyentada por alguien del servicio. De hecho, solo los estudiantes y los profesores pueden acceder al césped, a pesar de que Oxbridge se financie con dinero procedente tanto de mujeres como de hombres. De este modo, las mujeres pagan y mantienen una institución a la que ni siquiera pueden acceder y una educación excelente de la que no pueden beneficiarse. La cuestión del dinero lleva a Woolf a comparar las comidas que se sirven en las universidades de hombres y las que se ofrecen en las universidades de mujeres: por un lado, encontramos suntuosidad y riqueza; por el otro, comidas monótonas que representan perfectamente las deficiencias de la educación femenina. En *Tres guineas,* Woolf desarrollará más esta idea y para denunciar la injusticia de este sistema hablará del «Arthur's Education Fund», un fondo que existe desde hace siglos y al que todos deben contribuir, incluidos los hermanos y hermanas que no se beneficiarán de los privilegios del primogénito varón. De estos elementos queda perfectamente claro que para Woolf la cultura es una cuestión material y económica.

El segundo capítulo del texto profundiza en la cuestión de por qué las mujeres son pobres, lo que lleva a analizar las actitudes y opiniones de los hombres hacia las mujeres a través de la descripción de las opiniones de los «profesores» o «patriarcas». Lo que aparece con fuerza es hasta qué punto nuestra tradición cultural considera que las mujeres siempre carecen de algo, nunca están lo suficientemente dotadas de razón, y por tal razón están excluidas no solo de la vida pública, sino también de la vida económica. La paradoja que Woolf destaca, sin embargo, es que esta descripción siempre la hacen los hombres, que la presentan como un hecho, una mera observación, el resultado de una opresión material y simbólica. De hecho, según Woolf, las mujeres tienen carencias porque están activamente excluidas y no están excluidas porque tengan carencias por naturaleza. Es interesante señalar, en este sentido, el análisis de Woolf, capaz de resaltar cómo las luchas de las mujeres, en particular las que pelearon por el sufragio universal, suscitaron una fuerte reacción masculina. El protagonismo político femenino provocó en los hombres un gran miedo a perder sus privilegios: este miedo demuestra, una vez más, la no-naturalidad del orden social que defienden.

Es un hecho que los hombres siempre se han considerado el punto central y han tratado de definir y disciplinar a las mujeres como algo alejado y diferente de ellos; en este punto, Woolf anticipa las reflexiones de Simone de Beauvoir [1949] sobre la alteridad femenina. La centralidad masculina también aparece en sus escritos, hasta el punto de que Woolf escribe:

Esto quizá explique algunas características que recuerdo haber encontrado aquí, pensé, en la nueva novela de Mr. A, que está en todo su esplendor y que tan del agrado es de los críticos. La abrí. En verdad, era agradable volver a leer algo escrito por un hombre. Era tan directo, tan frontal en comparación con lo escrito por las mujeres [*A Room of One's Own*, 103].

Lo que parece una felicitación se transforma inmediatamente en una crítica:

Pero, tras leer un capítulo o dos, una sombra pareció cubrir la página. Era una franja alargada y oscura, una sombra recortada con la forma de la palabra «yo». Empecé a moverme de un lado a otro para esquivar la sombra y poder ver el paisaje tras ella. No estaba muy segura de si había un árbol o una mujer de paseo. Siempre reaparecía la palabra «yo», empezaba a cansarme de la palabra «yo» [*ibidem*, 104].

El ego masculino proyecta una sombra sobre todo el paisaje circundante, incluidas las mujeres, y la centralidad del ego del hombre tiene efectos muy concretos, especialmente en lo que respecta a la producción cultural. Las mujeres, que no son consideradas plenamente un «yo», son sometidas a una dependencia simbólica: la literatura y la producción cultural están llenas de descripciones de mujeres que no contribuyen al progreso de aquellas, pues los autores y artistas son hombres que se creen con derecho a hablar también en nombre del sexo femenino y, materialmente, las mujeres no tienen propiedad privada. Los dos campos, el simbólico y el material, están estrechamente entrelazados, ya que solo la independencia económica permite dedicarse a la literatura, pues les permite no verse obligadas a las tareas y necesidades cotidianas, pero también verse libres de la dependencia de la aprobación masculina. Lo esencial, para Woolf, es que una mujer, para escribir narrativa, necesita unos ingresos de al menos quinientas libras al año y «una habitación propia», es decir, la libertad de no verse molestada por familiares exigentes y el tener un espacio donde pensar y experimentar la autonomía.

La autonomía permitiría a las mujeres escribir y pensar fuera del canon masculino, sacar fuerzas e ideas de la historia de su exclusión y utilizarlas como un punto de vista fundamental para reflexionar sobre el mundo. En esto consistiría una supuesta escritura femenina: no en la expresión de una diferencia «natural», sino en darle forma a una historia. Es importante subrayar, sin embargo, que para Woolf los hombres también están socialmente condicionados, hasta el punto de que afirma:

Es cierto que tenían dinero y poder, pero a costa de albergar en el pecho un águila, un buitre que les picoteaba el hígado y les desgarraba los pulmones: el instinto de posesión, la rabia adquisitiva que los impulsa a desear permanentemente los campos y los bienes ajenos; delinear fronteras y banderas; construir acorazados y fabricar gas mostaza; ofrecer sus vidas y la de sus hijos. Pase por debajo del Arco del Almirantazgo (me había acercado al monumento) o camine por cualquier avenida dedicada a trofeos y cañones, y reflexione sobre el tipo de gloria que allí se celebra. O mire bajo el sol primaveral al corredor de bolsa y al gran abogado encerrados en casa para ganar dinero y más dinero y más dinero cuando es un hecho que quinientas libras al año mantienen con vida a alguien que ame el aire libre. Qué horror tener que mantener semejantes instintos, pensé. Nacen de las condiciones vitales; de la falta de civilización, pensé, mirando la estatua del duque de Cambridge, y en particular las plumas del bicornio, con una atención que rara vez habían recibido. Y, a medida que me daba cuenta de estos inconvenientes, el miedo y la amargura mudaron en lástima y tolerancia y, después de un par de años, desparecieron la lástima y la tolerancia, y su lugar lo ocupó el mayor alivio posible. Por ejemplo: ¿me gusta o no me gusta aquel edificio?, ¿es hermoso o no aquel cuadro?, ¿me parece bueno o malo este libro? Cierto es que el legado de mi tía me despejó el cielo y sustituyó la gran e imponente figura de un caballero que Milton recomendaba a mi adoración perpetua por el espectáculo del cielo abierto [*ibidem*, 104].

Solo la independencia económica, por tanto, permite a las mujeres «divisar el cielo», más allá de las imágenes y los condicionamientos masculinos, y contar una realidad diferente. Para intentar describir la situación de las mujeres que intentaron escribir y explicar la falta de obras femeninas —hecho utilizado por los hombres como prueba de la incapacidad de aquellas— Woolf describe cuál habría sido el escenario probable si Shakespeare hubiera tenido una hermana tan talentosa como él. Una vez terminada una obra maestra podría intentar persuadir a un productor de teatro para que la representara. Lamentablemente, lo más probable es que cuando fuese a la reunión con el productor la violaran en el callejón detrás del teatro, quedara embarazada, la abandonaran y la condenaran a una vida de indigencia.

La conclusión que se puede sacar de *Una habitación propia* es que las personas, especialmente las mujeres, están dotadas de todo tipo de capacidades, algunas de las cuales se expresarán y muchas de las cuales no podrán aflorar nunca. Sin embargo, aquellas cuyo potencial no puede expresarse tienen el mismo valor social, o quizás superior, que las más afortunadas. Por tanto, la justicia social exige que las personas sean valoradas por su potencial, haya florecido este o no, así como recompensadas (principalmente a través de salarios) por el trabajo que realmente han realizado.

Woolf no tuvo problemas económicos, pues pertenecía a una clase social privilegiada, «descendía de buena familia, algunos eran famosos, otros desconocidos; había nacido en un ambiente con buenas relaciones, no de padres ricos, pero sí de padres acomodados; había nacido en el ambiente comunicativo, instruido, que aún escribía cartas, rendía visitas y hablaba con la elocuencia propia de finales del siglo XIX» [Lee 1997:51]; con todo, nuestra escritora fue una extraña en esa clase en más de un sentido. A pesar de la base cultural y literaria de su familia, ella no fue a la escuela, no perteneció a ninguna institución pública, rara vez habló en público y tuvo problemas mentales pasajeros [Lee 1997:16].

Anticipándose a Carole Pateman [1988] y a Nancy Fraser [1990], que han prestado atención especial a la forma en que lo público y lo privado están separados y fragmentados con gran desventaja para las mujeres, Woolf insistió en los hechos evidentes de la exclusión y de las limitaciones de las mujeres en la esfera pública, e insistió también en la subordinación —menos obvia pero igual de dañina— en la esfera privada. Una crítica que se hace patente en el distanciamiento de su padre, nunca explícito, pero que aparece sutilmente a lo largo de su obra. Así, siempre que Stephen menciona el papel (o la exclusión) de las mujeres en la cultura inglesa del siglo XVIII, podemos encontrar en

Woolf una expresión correspondiente del precio que las mujeres pagaron por acabar marginadas. Por ejemplo, Stephen apunta que «*The Spectator* era una colección indispensable en los estantes de las bibliotecas en las que a las jóvenes descritas por Miss Burney y Miss Austen se les permitía satisfacer un creciente gusto por la literatura» [Stephen 1962:42]. Lo que para Stephen es un símbolo de la difusión cultural, para Woolf se convirtió en una oportunidad para comentar la limitada vida de las mujeres. En *Una habitación propia* escribe sobre el pequeño milagro de Jane Austen, que, a pesar de tener una experiencia vital limitada, fue capaz de producir obras maestras. Una situación que también vivió Woolf, pues Stephen confirmó su visión del papel de la biblioteca privada en la educación de su hija, Virginia: no la llevaron a la escuela, pero tenía libre acceso a la biblioteca del padre, hecho que resultó ser tanto una bendición como una maldición. Pocas bibliotecas privadas podían equipararse con la suya, pero esta ventaja no podía borrar el insulto y el aislamiento que suponía no poder recibir una educación académica: Woolf se negó a aceptar la lectura de *The Spectator* como el sustituto adecuado de una educación formal. Precisamente porque era consciente de los límites de la educación femenina y del acceso limitado de las mujeres a los productos culturales, Woolf escribió cinco ensayos para *Vogue,* todos durante la dinámica dirección editorial de Dorothy Todd (1922-1926). Jane Garrity [2000] y Nicola Luckhurst [1998] han demostrado que los ensayos de *Vogue* marcan un cambio en la concepción que Woolf tiene de sí misma, que va de una «voz pública» anónima a una mujer que escribía para un público femenino, una celebridad, una experta en moda y una persona próspera (*Vogue* pagaba mucho). Por tanto, en la década de 1920, Woolf jugó con diferentes aspectos de entre las posibilidades que ofrecía la esfera pública y quiso comprender si la escritura podía hacer lo que el discurso dominante aún no era capaz: dar a las mujeres la oportunidad de participar en un debate crítico racional. A medida que tenía éxito era también más consciente de los obstáculos a los que se enfrentaron las escritoras que la precedieron, hasta el punto de que en *Una habitación propia* encontramos una exhortación a las mujeres para que llevaran flores a la tumba de Aphra Behn en agradecimiento por un trabajo que se había demostrado pionero como escritora profesional y para afirmar que «si somos mujeres, pensamos a través de nuestras madres». Una idea potente que permite a Woolf crear una genealogía cultural femenina que produzca una esfera pública diferente, basada en valores diferentes y nuevas formas de expresión, arraigada en las mujeres del pasado que deben recuperarse.

III. La pura esencia de un sexo o de otro es un poco descorazonadora

En *Una habitación propia,* Woolf profundiza en las raíces de los ideales sociales y las instituciones culturales que han impedido históricamente a las mujeres escribir novelas. Sin embargo, al final de un libro que debía reivindicar la escritura femenina, Woolf logra deconstruir las diferencias entre hombres y mujeres y exaltar las virtudes de una androginia que no tiene precedentes. Tal deconstrucción hace de su texto tanto una celebración entusiasta como una crítica feroz [Coleman 2012:79]. La celebración de la escritura femenina, por tanto, toma también la forma de una crítica al binarismo sexual, como cuando afirma que «es fatal ser pura y simplemente hombre o mujer: hay que ser mujer varonil u hombre mujeril. Y "fatal" no es una figura retórica; porque cualquier cosa escrita con ese sesgo consciente está condenada a la muerte» [*A Room of One's Own,* 103]. Un concepto que hunde sus raíces en la especificidad femenina, en la elección de no perseguir una igualdad mimética con el hombre, pero también en la toma de conciencia de que las diferencias pueden multiplicarse y enriquecerse:

> Sería una tremenda lástima que las mujeres escribieran como los hombres, vivieran como los hombres o parecieran hombres, porque si dos sexos son completamente inadecuados, considerando la inmensidad y variedad del mundo, ¿cómo podríamos arreglárnoslas con uno solo? ¿No debería la educación desarrollar y fortalecer las diferencias en lugar de las similitudes? Porque ya nos parecemos demasiado tal como somos, y si un explorador regresara y trajera noticias de otros sexos tras mirar a través de las ramas de otros árboles hacia otros cielos, nada sería de mayor servicio para la humanidad [*ibidem*, 98].

La crítica de la rígida separación entre sexos se aprecia también en *Orlando,* publicado en 1928 y que las feministas a menudo alaban como una importantísima reflexión, fundamental en el siglo XX, sobre el sexo y la androginia porque propone de manera jocosa una visión de la identidad que va más allá del sexo orgánico. Orlando cae en un sueño profundo y cuando se despierta es una mujer. Es un cambio repentino e imprevisto, no deseado, y, al menos al principio, Orlando repara en que sigue siendo fundamentalmente la misma persona:

Orlando se había convertido en mujer, no se podía negar. Pero, en los demás aspectos, Orlando era exactamente lo que había sido. El cambio de sexo, aunque iba a alterar sus futuros, en ningún caso había alterado sus identidades [*Orlando,* 138].

En el original inglés, tanto el cambio del pronombre en este pasaje del singular *he* al plural *their* como el uso del pronombre masculino para describir a una mujer biológica ponen en duda la singularidad de la identidad de Orlando, e implica que la subjetividad humana no es reducible a un todo no contradictorio o coherentemente expresivo del cuerpo sexual. Y Woolf añade:

Por diversos que sean los sexos, se confunden. No hay ser humano que no oscile de un sexo a otro, y a menudo solo los trajes siguen siendo varones o mujeres, mientras que el sexo oculto es lo contrario del que está a la vista [*ibidem,* 189].

A pesar de la fantasía que rodea la experiencia de Orlando, Woolf afirma que todos nos parecemos más a Orlando de lo que pensamos.

Para Woolf, «sexo» se refiere tanto al cuerpo como a lo que hoy consideraríamos «género». Para un lector contemporáneo, la vacilación del «sexo» de Orlando sugiere simultáneamente un cambio espontáneo en el sexo biológico, una fluctuación en la identidad de género y, quizás de manera más sutil y ambigua, una alteración en el deseo sexual o la elección del «objeto» sexual. De hecho, si la identidad de Orlando es andrógina, esta androginia es cambiante, no es estática: al presentar no una suave síntesis de oposiciones, sino un «intercambio» hermafrodita caótico, el género de Orlando y su deseo cambian continuamente. Fluida y dinámica, Orlando responde y escapa de los imperativos de género y de los códigos sexuales que caracterizan la cultura occidental.

En *Una habitación propia* la androginia pasa del cuerpo y de los deseos sexuales a la mente, en la que los dos sexos deben fusionarse. Vincula esta visión a Coleridge al afirmar que este último

> quizás quiso decir esto cuando dijo que una gran inteligencia es andrógina. Cuando se produce esta fusión, la mente queda plenamente fecundada y utiliza todas sus facultades. Quizás una mente puramente masculina no pueda crear, como tampoco una mente puramente femenina [...]. Quiso decir, tal vez, que la mente andrógina es resonante y porosa; que transmite emoción sin impedimento; que es naturalmente creadora, incandescente e indivisa [*A Room of One's Own*, 98].

En *Una habitación propia*, al igual que en *Orlando*, el género está influido por las transformaciones históricas y sociales: algunas expresiones de identidad andrógina son más admisibles en algunos contextos históricos que en otros. Además, los momentos más liberadores que se esbozan en un texto no lo son en el otro: la androginia de Orlando encuentra su máxima expresión en el presente, mientras que en *Una habitación propia* un presente idéntico frena y obstaculiza la creatividad andrógina.

En general, los críticos han fusionado estas diferentes formas de androginia en nociones más generales o han tratado de basarse unívocamente en una forma u otra [Kaivola 1999], según los intereses particulares o las perspectivas teóricas que informan la práctica de la crítica feminista en un momento determinado. Durante un breve periodo, en los años sesenta y setenta del siglo XX, la androginia disfrutó de cierto éxito de crítica: las feministas Carolyn Heilbrun [1993] y Nancy Topping Bazin [1973] recurrieron a las ideas de Woolf para invocar lo que percibían como el potencial subversivo de la androginia tanto para las mujeres como para los hombres, su capacidad para representar una alternativa creativa y prometedora a los rígidos roles de género de la posguerra. Pero la androginia perdió pronto capacidad provocadora, ya que las ensayistas feministas temieron que la libertad que la androginia ofrecería a las mujeres fuera en realidad una estratagema, una fantasía conservadora. Para muchas teóricas feministas, de hecho, el encanto de la androginia todavía depende de estructuras patriarcales que acaban por incorporar en las mujeres caracteres masculinos, sin subvertirlos, lo que deviene así solo una promesa ilusoria para aquellos interesados en nuevas formas de organización social y de identidad de género [Harris 1974]. A partir de las diferencias entre escritores y escritoras, Elaine Showalter [1977] buscó delinear una tradición literaria claramente femenina y argumentó que el interés de Woolf por la androginia era simplemente una fantasía evasiva. El ataque a la androginia fue rápido y, en algunos casos, decisivo, pero el feminismo de los años ochenta recuperó una forma más abstracta de androginia, la que partía de la idea de género como un conjunto de conductas aprendidas y veía la identidad como contradictoria y no coherente. De esta manera, bajo la influencia de la filosofía continental, muchas teóricas feministas utilizaron la androginia contra lo que creían que eran los límites del feminismo anterior, es decir, su esencialismo y humanismo. Cuando Toril Moi abogó por la androginia en *Sexual/Textual Politics* [1985], lo hizo en el contexto de un feminismo que pretendía deconstruir las creencias metafísicas en dos géneros relativamente fijos, inmutables, complementarios, pero opuestos. A Moi no le interesaba si los hombres y las mujeres debían esforzarse por ser ontológicamente andróginos, sino cómo la androginia, como «tercer» término, podía deconstruir los binarios epistemológicos.

El uso que hace Woolf de la androginia es eminentemente político no solo porque altera la estructura binaria del género, sino también porque se convierte en una crítica radical de las identidades fijas, y permite cuestionar los nacionalismos. Woolf emplea las caras idealizadas, arquetípicas e híbridas de la androginia en un momento en que la ideología del Estado-nación moderno se combinaba con otras fuerzas, incluida la ciencia inductiva, para producir comportamientos concretos —y peligrosos— que apuntaban a la pureza racial, de género y sexual [Mosse 1985]. Al hacerlo, la escritora revisa los límites que separan, de una manera muy frágil, lo idealizado de lo irónico, lo puro de lo impuro. En este contexto, de hecho, la ciencia evolutiva del siglo XIX no solo dio lugar a teorías profundamente ofensivas sobre el *continuum* racial y la persistencia de las jerarquías raciales, sino que también reveló cómo las ideas de raza, género y sexualidad estaban profundamente conectadas, aunque a veces de manera contradictoria. Por ejemplo, la evolución ha enfatizado el dimorfismo sexual y la diferencia de género como características de los individuos, las razas y las sociedades más avanzadas [Carter 1997].

Por tanto, muchos veían las características sexuales como un indicador del progreso evolutivo: los hombres y mujeres más avanzados, según esta lógica, eran los más diferenciados entre sí. Las formas mixtas hermafroditas pertenecían, junto con las razas no blancas, a un peldaño inferior de la escala evolutiva; los europeos blancos eran considerados (por los europeos blancos) como los fisiológicamente más polimorfos y los más dicotómicos desde el punto de vista del género, un alejamiento definitivo de la visión romántica de la androginia como un ideal trascendente.

A medida que los estudios sobre las diferencias humanas se volvieron cada vez más detallados y fundamentados en la autoridad de la ciencia en el siglo XIX, dichos estudios consiguieron gran parte de su credibilidad gracias a creencias preexistentes y profundamente arraigadas sobre los humanos y el mundo. Las analogías entre raza, género y sexualidad que caracterizaron los estudios científicos sobre la variación humana del siglo XIX son producto de antiguas metáforas, familiares, culturalmente reconocidas y compatibles con los valores básicos de una sociedad. Este sistema metafórico estructura la experiencia y la comprensión de la diferencia porque ofrece la lente a través de la cual los miembros de una sociedad ven la variación humana [Harding 1986]. Al mismo tiempo, la convergencia de creencias culturales profundamente arraigadas sobre el género, la raza y la sexualidad con un racionalismo científico cada vez más respetado y valorado funcionó en el siglo XIX para cosificar las variaciones humanas observables en signos de diferencias raciales y sexuales tan radicales que a veces se articulaban como si pudieran servir para definir especies. Por tanto, el discurso científico del siglo XIX contribuyó decisivamente a crear las condiciones que cambiaron la imagen de la androginia en la mentalidad general. En este periodo, el cuerpo diferenciado por cuestiones de raza, clase, género y sexualidad fue sometido a una nueva forma de poder y reconfigurado por la ciencia como verdad, no solo sobre la base de sus propios procesos biológicos sino también sobre las jerarquías sociales que caracterizaban su mundo. Las diferencias entre géneros, razas y sexualidades se hicieron más evidentes a medida que los binarismos y las jerarquías que caracterizaban a cada eje de identidad se proyectaban sobre los demás. El resultado fue una densa red de asociaciones metafóricas: invocar una diferencia significaba invocar otras, ya que las imágenes de la diferencia se constituían relacionadas entre sí. Este cambio hacia una mayor diferenciación socavó el poder de la androginia como símbolo de unidad cultural y semejanza humana: las formas intermedias, fueran de género, raza o sexualidad, fueron reinterpretadas, transformadas en metáforas de la antítesis caótica de las diferencias bien marcadas y de las categorías epistemológicas en las que se basaban las nuevas estructuras políticas y las ideologías nacionalistas.

Las formas mixtas aparecieron como una involución degenerada en el saludable progreso evolutivo de la raza blanca, una visión que sería enfatizada por los movimientos fascistas cada vez más influyentes en Europa entre 1920 y 1940.

Las descripciones de la androginia que hizo Woolf en la década de los veinte deben entenderse nacidas en este contexto. Por ejemplo, en *Una habitación propia* la androginia se convierte en una de las herramientas para luchar contra el fascismo, como se desprende claramente de las páginas de crítica a la poesía fascista, considerada imposible. De hecho, como ideología, el fascismo se oponía a la mezcla o a la ambigüedad de cualquier tipo: buscaba preservar las distinciones entre lo normal y lo anormal, fortalecer la división tradicional del trabajo entre los sexos y promover una cultura política machista que perseguía activamente la sexualidad «desviada», especialmente la homosexualidad masculina. El paso que Woolf describe de la «orgía masculina» —es decir, de la dominación masculina— de la literatura a la cultura política fascista marca una de las tensiones fundamentales de esta última: a pesar de ser homoerótico —en el sentido de que solo reconocía como válidas y paritarias las relaciones entre hombres, al igual que toda la cultura occidental— el fascismo articuló su respetabilidad a través de la oposición a la homosexualidad. La idea de presentar una androginia idealizada en *Una habitación propia* se convierte, por tanto, en una manera de desafiar los principios de un movimiento que llevó algunos aspectos de la ideología del siglo XIX al extremo.

Si en sus formas más radicales el fascismo buscaba eliminar las «influencias contaminantes» (judíos, homosexuales, discapacitados), incluso en sus formas menos extremas se basaba en las ideologías de la diferencia, en jerarquías «naturales» de las personas y en temores de degeneración que coexistieron con sentimientos más igualitarios durante más de un siglo en las democracias liberales occidentales. Woolf no presenta la androginia como una solución, sino como un ideal, lo que sugiere reconocer que la androginia puede ser una herramienta útil de lucha, pero debe complementarse con otras formas de análisis.

Para Woolf, la androginia idealizada cuestiona los supuestos en los que se basaron los movimientos fascistas de las décadas de 1920 y 1930: invocarla frente a tal amenaza ideológica y política significa proponer un ideal de unidad humana. Tales ideales pueden cumplir funciones potentes, no porque brinden protección a quienes se encuentran en el lado equivocado de la pureza o la respetabilidad, no porque afirmen diferencias importantes en las experiencias de las personas, y no porque no logren asegurar una identidad de género, sino porque contribuyen a lo que Wendy Brown ha llamado un «imaginario igualitario» [Brown 1995:129]. En otras palabras, el valor de la androginia idealizada puede residir, aunque sea paradójicamente, en la capacidad que tiene para representar un ideal social igualitario que siempre permanece abierto a la contradicción por las persistentes desigualdades sociales que el *intermix* de Woolf puede hacer patentes, pero no puede cambiar. Es posible que ambas figuras —el *intermix* hermafrodita y la fusión romántica de las diferencias— sean necesarias: una como recordatorio de la desigualdad, la otra como incitación a una mayor libertad.

No es casualidad que al final Orlando se distancie de la cultura dominante. Cuando lo hace, no retrata a las *bluestocking* —las mujeres intelectuales del siglo XVIII— sino a un grupo de prostitutas cuyo *background* de clase (muchas de ellas son hijas naturales de aristócratas) encaja mejor con el prejuicio antiburgués de Orlando (y con el de Woolf). Además, estas mujeres demuestran una relación con sus cuerpos y su sexualidad que ofrece a Woolf la oportunidad de imaginar y describir un punto de vista radical —muy diferente al narrado por la cultura masculina— porque tiene relación con el entorno, porque es una expresión de la experiencia directa de las mujeres involucradas. Asqueada por la alta sociedad y por la frecuentación de escritores, pero todavía sola, Orlando se disfraza de hombre, se acerca a una prostituta y, haciéndose amigo de ella, descubre que ella y sus amigos tienen «una sociedad propia» en la que Orlando es aceptado; de hecho, «Orlando nunca había visto pasar las horas más rápido ni más alegremente» que en compañía de Nell y sus amigas. Las prostitutas, al compartir sus historias vitales y sus «divertidas observaciones», construyen una situación paralela a la que se vive en los clubes de hombres. Las abarrotadas habitaciones de Nell (que se desnuda detrás de un biombo) inspiran conversaciones íntimas sobre cuerpos, deseo y sexo, a la vez que los periódicos de clubes y cafés inspiran conversaciones políticas: un paralelo que reconoce el componente político de las charlas íntimas. Compartir las conversaciones de las mujeres deja entrever que ellas, como los hombres en un club, devienen observadoras plenamente y hablan dentro de su sociedad, sin limitarse a ser simples objetos de conversación.

Estas conversaciones funcionan como un recordatorio, una advertencia desde un pasado imaginado sobre cómo podría ser la sociedad si las mujeres fueran parte del discurso y de la esfera pública. Las prostitutas representan un experimento mental: qué supone hablar con franqueza sobre ser mujer con mujeres que piensan libre y francamente. Al proyectar un futuro mejor para las mujeres, Woolf imagina un mundo en el que la libertad mental de Nell podría coexistir con la libertad material del siglo xx. En el siglo xviii imaginario de Woolf, el círculo de Nell nunca puede hacerse público, sino que sigue siendo una especie de *hortus conclusus* sáfico, del que tenemos constancia, según la concepción de la novela, solo gracias a la presencia de la protagonista andrógina. Por muy atractiva que pueda ser la conversación femenina, incluso en el mundo de fantasía del *Orlando,* Woolf la retrata como circunscrita y moldeada casi por completo por las expectativas sociales y, al mismo tiempo, desprovista de cualquier influencia externa. Una situación que podría desmoronarse y volverse más complicada si las mujeres pudieran ser independientes incluso materialmente, creando realmente un «contradiscurso» público.

Este discurso crítico sería verdaderamente disruptivo, ya que

> las mujeres han servido durante siglos como espejos que poseen el mágico y delicioso poder de reflejar la figura del hombre al doble de su tamaño natural. Sin eso [...] las glorias de todas nuestras guerras serían desconocidas [...]. El zar y el káiser no habrían ceñido coronas ni las habrían perdido [pero si las mujeres] empiezan a decir la verdad, la figura en el espejo mengua [...]. ¿Cómo va a dictar leyes, civilizar a los nativos, impartir justicia, escribir libros, vestir de etiqueta y pontificar en banquetes si no puede verse en el desayuno y en la cena al menos dos veces más grande de lo que realmente es? [*A Room of One's Own,* 35-36].

La independencia de las mujeres, por tanto, tiene una función política radical, que permite un cambio en toda la sociedad y en todas las identidades.

IV. La guerra ha metido sus esqueléticos dedos hasta en nuestros bolsillos

El discurso sobre la necesidad de repensar la política y el espacio público, además de las identidades, adquirirá matices aún más radicales en *Tres guineas,* de 1937. Se trata de un ensayo escrito en plena Guerra Civil española, en la que muere Julian Bell, uno de los sobrinos de Woolf y a quien esta quería especialmente. Es un texto que pretende denunciar los horrores de la guerra. Se acompaña de descripciones de imágenes de las masacres en los campos de batalla de la guerra española, y de fotografías de arzobispos, generales, políticos, es decir, de la combinación de poder masculino que hizo posible el estallido de la contienda. Las imágenes de estos hombres ofrecen inmediatamente el andamiaje de todo el ensayo, que denuncia una cultura masculina capaz de impregnar la sociedad y de hacer posible la guerra. El libro parte de la petición que recibe Virginia Woolf para donar dinero a una asociación en defensa de la paz: tiene tres guineas, pero decide donar solo una a la asociación, de la que no podría haber formado parte por ser mujer. Y las otras dos la destina a un colegio femenino y a una asociación que se ocupa, diríamos, de la inserción laboral de las mujeres. ¿Por qué? En primer lugar porque, como hemos visto, la educación es fundamental para ella y es imprescindible pensar en la mujer como un sujeto colectivo, víctima de un cierto tipo de educación excluyente. Es igualmente fundamental para ella imaginar una educación diferente de la de los hombres, que no la imite sino que pueda producir nuevos sujetos. Por otro lado, nos recuerda la importancia que tienen el trabajo y la independencia económica de las mujeres, que incluye también libertad de pensamiento, independencia vital.

Comprender el vínculo entre paz y autodeterminación es fundamental, ya que Woolf compara la devaluación del trabajo remunerado y no remunerado realizado por las mujeres en una sociedad patriarcal con la situación del soldado, a quien se le paga un salario bastante bajo para luchar en guerras ajenas, en una sociedad jerárquica. La comparación entre mujeres y soldados tampoco es nueva —ya había sido propuesta por Mary Wollstonecraft—, pero demuestra una vez más hasta qué punto nuestras identidades individuales dependen del contexto social y de las condiciones materiales en que nos encontramos. La guerra, por tanto, sería producto de una cultura y una estructura económica que nos impregna a todos.

Woolf se imagina en el intento de explicar esta forma de ver las cosas al hombre que le pide apoyo para la asociación pacifista. Una figura masculina imaginaria, que sin embargo fue elegida de manera particularmente acertada, porque Woolf lo caracteriza como hijo de la clase social instruida, producto de la tradición de la escuela pública y la universidad, un hombre muy similar a los de su entorno de literatos e ingleses cultos. Este hombre también representa a un público al que Woolf anhelaba llegar: sus colegas escritores, los fundadores del modernismo «masculino». El subtexto personal de *Tres guineas* es fácilmente visible en uno de sus primeros títulos, *On Being Despised,* concebido como una respuesta directa a un incidente que involucró a E. M. Forster, quien en 1935 (como registra en su diario) le contó la reunión del comité de la Biblioteca de Londres donde se confirmó la negativa a admitir mujeres, motivada por el hecho de que estas traerían el desorden. Woolf reacciona con indignación, e imagina también una mujer a la que se le ofrece un honor normalmente reservado a los hombres:

«¿No les dijiste lo que pensabas de ellos por atreverse a sugerirte que te taparas la nariz ante tal cubo de basura?», apunté [...]. El velo del templo (si universitario o catedralicio, si académico o eclesiástico, no lo recuerdo) debía levantarse y, como excepción, permitir que ella pudiera entrar. Pero ¿qué pasa con mi civilización? Durante dos mil años hemos hecho cosas sin que nos paguen por hacerlas. No puedes sobornarme ahora [*Diary*, v, 297].

Episodios como este abren la puerta a la especulación sobre cómo la frágil posición de Woolf en la evolución del modernismo se vio complicada por razones de sexo. Jane Marcus sostiene que *Tres guineas* fue, de hecho, concebido como una respuesta a colegas varones como Yeats, Forster, Eliot y Huxley, quienes, según Woolf, la minusvaloraban literariamente por el hecho de ser mujer [Marcus 1988:112].

Es comprensible que la polémica con Forster haya sido objeto de un análisis intenso. Sin embargo, sería un error leerla como anécdota, como un ejemplo de ira con consecuencias literarias directas. En primer lugar, *Tres guineas,* aunque todavía no se llamaba así, era un proyecto que se había puesto en marcha en 1935, lo que demuestra que era mucho más que una respuesta inmediata a una provocación. Además, se puede cuestionar la verosimilitud del episodio: solo tenemos el relato de Virginia

Woolf sobre la afirmación de Forster de que existía una política, propuesta por su padre, contra la aceptación de más mujeres en el comité. Quizás Forster actuó de mala fe: parece poco probable que Leslie Stephen hubiera adoptado una posición así porque, como sabía su hija, estaba a favor de la educación y la actividad profesional de las mujeres, incluso si se oponía a cualquier concesión inmediata del derecho al voto. Al mismo tiempo, sin embargo, el hecho de que Woolf cuente este episodio de esta manera, enfatizando el papel de su padre, nos lleva directamente a uno de los puntos fundamentales de *Tres guineas:* a las mujeres las dejan de lado incluso sus seres más queridos, los padres y los hermanos, y también deben luchar contra la tradición cultural que estos encarnan. Se trata de una posición peculiar que sitúa a las mujeres en el centro de una disyuntiva entre la vida cotidiana y el afecto que sienten por los hombres y el reconocimiento de que hay una cultura masculina, practicada incluso por aquellos a quienes aman, que las oprime.

En este sentido, es significativo señalar que aunque *Tres guineas* fuera «solo» un libro sobre la guerra o un folleto polémico, merecería toda nuestra atención. Pero es mucho más: es la declaración más clara y explícita que hace Woolf sobre feminismo. En este libro, la guerra no es el tema principal para

Woolf, sus críticos tienen razón en esto. Para la escritora, la guerra es solo uno de los productos, ciertamente uno de los peores, de un sistema de poder y de dominación que tiene sus raíces en la jerarquía de género. Esta jerarquía, y todas las demás, son las dianas contra las que debe lanzarse el feminismo. *Tres guineas* es, pues, una obra singular, porque en ella la perspectiva feminista se convierte en un tema explícito, además de tener el mérito de ser un texto meticulosamente concebido, diseñado y llevado a cabo.

El de Woolf es un feminismo que, como hemos visto, cambia con el tiempo, pero en el que la cuestión de la abrumadora cultura masculina sigue siendo central. De hecho, ya en 1916 le escribió a su amiga y activista feminista Margaret Llewelyn Davies: «Me vuelvo cada vez más feminista gracias al *Times,* que leo durante el desayuno y que me hace preguntarme cómo esta absurda ficción masculina [la guerra] dura desde hace tanto sin que una joven valiente nos una a todas y nos haga manifestarnos contra aquella» [*Letters,* ii, 76].

En esta etapa inicial, cuando todavía se define feminista, Woolf ya adivina que existe un vínculo entre masculinidad y guerra, situación que el feminismo puede remediar. La guerra, al parecer, la fomentan —como ciertamente ocurrió en 1916— los hombres y, por tanto, es necesaria una respuesta de mujeres comprometidas con la paz. Podemos ver aquí un presagio de los argumentos de *Tres guineas,* un libro que desarrolla la obligación que tienen las mujeres no solo de oponerse a la violencia, sino también de eliminar sus causas.

Cuando lenta pero inevitablemente se recrudeció la guerra, Woolf miró hacia el futuro, hacia los días en los que fuese posible actuar positivamente para construir la paz y no simplemente para rechazar la guerra. Poco antes de que la desesperación y el suicidio la invadieran, le escribió a Shena Simon (una entusiasta admiradora suya y de *Tres guineas*):

> Lo que los estadounidenses quieren son mis opiniones sobre la paz. Bueno, estas nacen de mi punto de vista sobre la guerra… Piensen bien en esto: en compartir la vida con otros después de la guerra, en que hombres y mujeres puedan trabajar juntos; en la posibilidad, con el deseable desarme, de eliminar las discapacidades de los hombres… ¿No será nuestra próxima tarea emanciparnos de los hombres? [*Letters,* vi, 379].

Estos necesarios cambios sociales para conseguir la paz son la motivación principal de Woolf a la hora de donar las tres guineas que tiene a disposición. De hecho, si la cultura masculina produce guerra, es importante que las mujeres transformen el hecho de quedar excluidas en el primer paso para exigir la paz:

> Somos diferentes, como han demostrado los hechos, en el sexo y en la educación. Y es de esta diferencia, como hemos dicho, de donde puede venir nuestra ayuda, si es que ayudar podemos, para proteger la libertad y evitar las guerras. Pero si firmamos la petición, que implica la promesa de devenir miembros activos de vuestra sociedad, podría parecer que perdemos la diferencia y, en consecuencia, sacrificamos la ayuda [*Three Guineas*, 95].

Woolf expresa una celebración de la peculiaridad femenina que se convierte en una forma de no compartir los valores que oprimen a las mujeres y, a la vez, hacen posible la guerra. De hecho, Woolf añade, con respecto a la exclusión de la asociación pacifista, que

> nos parece a la vez racionalmente incorrecto y emocionalmente imposible […] entrar a formar parte de vuestra sociedad. Porque al hacerlo deberíamos fusionar nuestra identidad con la vuestra; seguir y repetir y marcar aún más profundamente las viejas y gastadas sendas de […] la sociedad [*ibidem*, 93-94, 97].

Una vez más aparece el temor a que las mujeres puedan, al desear la emancipación, llegar a ser iguales a los hombres. Por esta razón es interesante observar cómo en *Tres guineas* Woolf describe a las mujeres atrapadas entre dos modelos, el competitivo —que definimos capitalista— fuera del hogar y el patriarcal en el hogar:

> Tenemos a nuestra espalda el sistema patriarcal; la casa particular, con su inanidad, su inmoralidad, su hipocresía, su servilismo. Ante nosotros aparece la vida pública, el sistema profesional, con su obsesión por la posesión, sus celos, su competitividad, su codicia. Uno nos encierra como esclavas en un harén; el otro nos obliga a dar vueltas, como las orugas de la procesionaria, alrededor de la morera, del árbol sagrado de la propiedad. Elección entre dos males. ¿No sería mejor que nos tiráramos del puente al río, abandonar el juego, declarar que la vida humana es un error y así ponerle fin? [*ibidem,* 129].

Woolf señala hasta qué punto la emancipación, concebida según el modelo masculino, es una trampa. Propone, entonces, que las mujeres rechacen los caminos que se les presentan y sigan a cuatro grandes «maestros de vida» que se pueden encontrar en la historia de la opresión de las mujeres. Se trata de la pobreza, la castidad, el escarnio y la liberación de falsos vínculos de lealtad, elementos que han caracterizado la condición femenina a lo largo de los siglos y que no deben verse como defectos de los que hay que liberarse, sino como oportunidades para imaginar una sociedad diferente. Escribe:

Veámoslos, pues, por orden. Por pobreza se entiende suficiente dinero para vivir. Es decir, debe ganar lo suficiente para ser independiente de otro ser humano y comprar el mínimo de salud, ocio, conocimiento, etcétera que se necesita para el pleno desarrollo del cuerpo y de la mente. Pero no más. Ni un centavo más.

Por castidad se entiende que cuando haya ganado lo suficiente para vivir de su profesión debe negarse a vender su inteligencia por dinero. Es decir, dejar de ejercer la profesión, o practicarla por el bien de la investigación y la experimentación; o, si es artista, por amor al arte; o impartir los conocimientos adquiridos profesionalmente a quienes los necesitan a cambio de nada. Pero en cuanto la morera empiece a hacerle girar alrededor, aléjese. Ríase del árbol.

Por burla —una mala palabra, pero repito que el idioma inglés necesita nuevas palabras— se entiende que hay que rechazar todos los métodos que anuncien sus méritos y sostener que el ridículo, la oscuridad y la censura son preferibles, por razones psicológicas, a la fama y a la alabanza. En cuanto le ofrezcan insignias, órdenes o títulos, tíreselos a la cara a quien se los ofreció.

Por libertad para con lealtades irreales se entiende que, primero, debe deshacerse del orgullo de la nacionalidad;

también del orgullo religioso, del orgullo universitario, del orgullo escolar, del orgullo familiar, del orgullo sexual y de esas lealtades irreales que brotan de ellos. En cuanto los tentadores se acerquen con sus seducciones para sobornarle y llevarle cautiva, rompa los pergaminos; niéguese a rellenar los formularios [*ibidem*, 139].

Es interesante advertir cómo en estas líneas propone una analogía entre la prostitución comúnmente entendida y la venta de la inteligencia, lo que es sumamente relevante para comprender qué significa la castidad. Aquí Woolf lleva a cabo una operación subversiva: es decir, utilizar un concepto, el de castidad —típicamente atribuido a las mujeres en clave negativa de sustracción de algo— como elemento positivo para imaginar un nuevo estilo de vida. Advertencia que también reproduce al hablar del escarnio como la posibilidad de rechazar todo aquello que sirva para vanagloriarse de los méritos, a lo que contrapone la idea de valorar el sentido del ridículo. Reírse de las cosas, reaccionar ante la opresión con la risa es una forma revolucionaria de alejarse de los cantos de sirena de la cultura masculina, abrir una brecha más allá de la cual poder imaginarse como sujetos diferentes. Esto puede suceder sobre todo gracias a la liberación de los falsos vínculos de lealtad, de todos aquellos vínculos, como el orgullo patriótico, el orgullo religioso, el orgullo por la universidad, la escuela, la familia, el sexo, que cristalizan las identidades, que crean sumisiones y jerarquías y que hacen imposible que las diferencias se multipliquen. A través de esta liberación nace la posibilidad de distanciarse de la cultura en la que a una le toca crecer y vivir.

El resultado de la subversión de las normas que Woolf propone es una condición de extrañeza ante la esfera política hegemónica. Una extrañeza que se expresa, de manera en apariencia sorprendente, a través de la indiferencia: un término que a primera vista puede parecer el colmo de la apoliticidad, pero que se convierte en la actitud fundamental para repensar la acción política. La indiferencia, aquí, significa sustracción, una elección deliberada de alejarse para cuestionar radicalmente la sociedad excluyente. De nuevo Woolf anima a una reapropiación de la condición femenina en clave transformadora: si «la habitación propia» servía para construir autonomía, la indiferencia es el resultado directo. Woolf define esta peculiar forma de indiferencia con estas palabras:

Pero la actitud que expresa la palabra «indiferencia» es tan compleja y de tal importancia que se necesita una definición más precisa. En primer lugar, a la indiferencia se le debe dar una base sólida en la realidad. Como es un hecho que la hija del instruido no puede comprender qué instinto impulsa, qué gloria, qué interés, qué satisfacción viril le proporciona a él la lucha —«sin guerra no habría cauce para las cualidades viriles que desarrolla la lucha»—, como luchar así es una característica sexual que ella no puede compartir, la contraparte, dicen algunos, del instinto maternal que él tampoco puede compartir, se trata de un instinto que ella no puede juzgar [*ibidem,* 184].

La indiferencia también nos permite llevar a cabo otra subversión fundamental: si tradicionalmente son las mujeres las que están excluidas de la racionalidad, en este caso son las emociones de los hombres, no las de las mujeres, las que son enemigas de la razón y de la justicia y causa de la distorsión de los hechos y la realidad. Woolf invierte la idea convencional de que la ira tiene una naturaleza ligada al sexo. De hecho, tradicionalmente, la ira de los hombres se ve como objetiva y justificada, mientras que la ira de las mujeres siempre se describe como irracional y personal. Woolf somete las emociones personales de los hombres al mismo nivel de escrutinio que suelen recibir las mujeres, en las que los grupos dominantes se asocian a la razón y los subordinados a las emociones [Gunew 2009]. Esta inversión no demuestra que Woolf crea que las mujeres deban temer u ocultar la dimensión personal o emocional, sino que la ira y las discusiones apasionadas no deben considerarse válidas solo porque nazcan de lo íntimo. Woolf sugiere que lo personal, al menos para los hombres, implica la traducción de instintos emocionales particulares y basados en verdades absolutas para apoyar la opresión de las mujeres; mientras que para las mujeres lo personal o autobiográfico es una situación real y debe ser tratada como tal, más que como una emoción reprimida y por tanto irracional.

Woolf sostiene que las feministas serían más eficaces si transformaran las emociones personales en sentimientos negativos colectivos. Si la ira solitaria genera frustración, la ira impersonal que es colectiva puede convertirse incluso en una metodología feminista. De hecho, las mujeres pueden explotar la ira y la infelicidad, que experimentan debido a sus condiciones materiales, para lanzar una crítica colectiva mediante una respuesta indiferente a la retórica y al imaginario emocional del Estado fascista y patriarcal. Un proyecto basado en afectos negativos, pero impersonales, no concibe la ira como una emoción agotadora que se deba superar, que solo nos involucra a nivel personal, sino como una metodología crítica que da pie a una política feminista más defendible. En otras palabras, la escritura «con alegría y libertad» que Woolf desea a las mujeres en *Una habitación propia* no debe seguir siendo un futuro posible solo cuando el feminismo se haya quedado obsoleto; Woolf da a entender que el proyecto nunca estará completo porque no hay un «después» de la ira que pueda servir como momento inaugural de un mundo pacificado, que debe construirse cada día.

Además, Woolf propone, de manera aún más sorprendente, crear una *society of outsiders,* una sociedad sin reglas, sin presupuesto, sin reuniones, basada únicamente en la elección de la indiferencia. La descripción que hace Woolf de la *society of outsiders,* que no aparece hasta el último capítulo, deriva directamente de la caracterización de las mujeres que ha hecho a lo largo del libro, que las presenta no solo alejadas de las preocupaciones e intereses de los hombres y de la sociedad patriarcal, sino también interesadas en evitar el aislamiento personal para fomentar el aislamiento colectivo. Esto ocurre mediante la transformación de material biográfico personal en hechos colectivos, como demuestra con la afirmación de que las mujeres sobre las que escribe constituyen su propia clase como «hijas de hombres instruidos», y utiliza conscientemente la noción de clase para describir a un grupo de mujeres.

La *society of outsiders* insiste en la actitud impersonal y en la indiferencia de las hijas de hombres con estudios hacia las preocupaciones del hombre que tienen al lado y de la sociedad que este representa. La *society* sostiene la idea de que es racionalmente incorrecto, y emocionalmente imposible, unirse a una sociedad hecha por hombres y a sus valores; a la vez que hace explícita la negativa a ser manipulada emocional o personalmente para apoyar una causa que no se alinea con el propósito de «libertad, igualdad y paz» [*Three Guineas,* 126]. La *society of outsiders* mantiene una indiferencia racional hacia los argumentos motivados emocionalmente por hombres que sufren una fijación infantil que los lleva a desear la guerra y el heroísmo.

Los fundamentos de esta indiferencia se encuentran en una crítica radical al patriotismo, que es el principal motor de la guerra —según Woolf—, pero que resulta incomprensible para las mujeres porque su patria nunca les ha dado nada, sino que las ha excluido de la escena política; es más, las ha privado de derechos, les impide tener propiedad privada y no las defiende cuando son víctimas de maridos violentos, ya que el divorcio está prohibido. Además, añade, la mujer se ve obligada a cambiar de patria si se casa con un extranjero, por lo que «como mujer no quiero un país. Como mujer mi país es el mundo entero» [*Three Guineas,* 188]. En esta frase hay un claro eco de la invocación internacionalista contenida en el *Manifiesto comunista,* lo que demuestra una vez más que el feminismo de Woolf es eminentemente político.

Esta posición de Woolf, y en particular esta última frase, ha sido repetidamente desafiada por parte de las feministas [Rich 1984] que ven en esta dimensión cosmopolita una llamada a lo universal y que intentan distanciarse de un feminismo asociado al universalismo de la Ilustración, de los derechos humanos individuales o del concepto de «derechos de las mujeres como derechos humanos». Así entendido, el manifiesto cosmopolita de Woolf prefigura el tipo de feminismo global de finales del siglo XX y principios del XXI, que aísla la opresión de género de otras estructuras de poder y postula una sororidad mundial que comparta una causa común contra la dominación masculina.

Es posible, sin embargo, proponer una lectura diferente: en lugar de exhibir un feminismo liberal universalista, el cosmopolitismo feminista de *Tres guineas* encarna muchos de los elementos que los teóricos contemporáneos asocian con el cosmopolitismo desde abajo, en particular el que los editores y las editoras de *Cosmopolitanism* [Breckenridge *et alii* 2002] definen cosmopolitismo «situado» y lo que Robbins [2012] describe cosmopolitismo «localizado y particular». *Tres guineas* se mueve de manera ambivalente: reconoce una conexión emocional con

Gran Bretaña, al tiempo que ataca el patriotismo nacionalista. Es esta una combinación que anticipa la noción de Anthony Appiah [2006] del patriota cosmopolita. Aunque su poderosa reflexión filosófica sobre los orígenes de la guerra sea aplicable a otros tiempos y lugares, el argumento cosmopolita que plantea Woolf está firmemente anclado en su tiempo y lugar, como lo demuestra la historia de la composición y recepción del texto, su particular crítica al fascismo en Europa y en Gran Bretaña y su elaborada interacción de tropos, ficciones y visiones entrelazadas con la realidad del periodo de entreguerras.

En lugar de proponer una sororidad global controlada por un «patriarcado universal», *Tres guineas* toma prestado —y satiriza— el análisis de clase marxista al teorizar una categoría de clase decididamente no marxista de personas que son y no son parte de las clases instruidas, así como también son y no son parte del Estado-nación «las hijas de hombres instruidos». Viven en las mismas casas, comen la misma comida, beben el mismo té, hablan con el mismo acento y tienen los mismos sirvientes que sus padres, hermanos, maridos e hijos, pero están en una situación peculiar porque carecen de una educación adecuada, de autoridad independiente…, no disponen de dinero propio y no pueden tener participación política. Como «hijastras de Inglaterra» viven en intimidad con los hombres, pero fuera de los procesos poder de estos. Woolf señala repetidamente cuán distantes están estas «hijastras» de las mujeres de otras clases, particularmente de las mujeres británicas de clase trabajadora, y menosprecia a las mujeres de su clase que juegan a ser de clase trabajadora y adoptan esta causa, y se burla de aquellas que adoptan la causa de la clase trabajadora sin sacrificar el capital de la clase media ni compartir la experiencia de la clase trabajadora. Y añade:

> No solo somos incomparablemente más débiles que los hombres de nuestra propia clase; somos también más débiles que las mujeres de la clase trabajadora. Si las mujeres trabajadoras del país dijeran: «Si entráis en guerra, nos negaremos a fabricar municiones o a ayudar en la producción de bienes», la dificultad de hacer la guerra aumentaría considerablemente. Pero si todas las hijas de hombres instruidos se declarasen en huelga mañana, nada esencial ni para la vida ni para la guerra de la comunidad quedaría en entredicho. Nuestra clase es la más débil de todas las clases del Estado. No tenemos arma alguna con la que hacer valer nuestra voluntad [*Three Guineas,* 20].

La debilidad de esta clase de hijas de hombres con estudios es la base del cosmopolitismo feminista del texto, porque su ciudadanía privilegiada, pero de segunda clase, proporciona la base para su resistencia a la llamada del patriotismo de tiempos de guerra del Estado-nación. De hecho, la idea de poder legitimar la guerra para defender un Estado que las excluye le parece a Woolf completamente absurda, una emoción incomprensible y ridícula. Además, visto cómo trata el Estado a las mujeres, la idea de alentar a los hombres a ir a la guerra para defender a «nuestras» mujeres resulta igualmente ridícula, pues son los mismos hombres que luego las oprimen en la patria.

En lugar de defender exclusivamente a las mujeres de todo el mundo unidas contra el patriarcado, Woolf utiliza las características específicas de su posición de clase, género y ciudadanía para lanzar un ataque importante contra el Estado-nación en general, para sugerir que todos los Estados son intrínsecamente jerárquicos, militaristas, machistas y violentos. Esta violencia puede dirigirse no solo contra las mujeres, o contra las mujeres de su clase, sino contra los vulnerables, contra todos aquellos que de alguna manera están excluidos del contrato social.

Al presentar el Estado-nación como fascista y vincular el fascismo en el extranjero con tiranías internas, y también domésticas, el cosmopolitismo feminista de Woolf la alinea, filosóficamente, con una tradición anarquista que considera que las concentraciones de poder son corruptoras y crean inevitablemente un sistema de jerarquías y exclusiones. Y aporta un enfoque particular en la tradición anarquista, la cuestión de la guerra: cómo el Estado utiliza la guerra y el miedo a la guerra para movilizar a los vulnerables y marginados e inculcarles el patriotismo; cómo la justificación del poder estatal se basa en una retórica sexista de la protección; del mismo modo que las víctimas de la guerra son siempre civiles, los «cadáveres y casas en ruinas» en España no se identifican por su filiación partidista, sino por su condición de no combatientes.

Vincular la opresión estatal con la opresión íntima de género que se da en las familias nos permite romper la separación entre espacio público y espacio privado y mostrar cómo las dos esferas se compenetran entre sí y cómo se influyen mutuamente. Para demostrar mejor esta interpenetración, Woolf utiliza un ejemplo escandaloso y compara las declaraciones de los periódicos y de los políticos británicos con las de Hitler y Mussolini, que en Gran Bretaña eran considerados dictadores. Con increíble lucidez escribe:

Volveré a citarlo: «Los hogares son los auténticos lugares de las mujeres que ahora obligan a los hombres a permanecer ociosos. Ya es hora de que el Gobierno insista en que los empresarios den trabajo a más hombres, lo que les permitirá así casarse con mujeres a las que ahora no pueden acercarse». Coloque al lado otra cita: «Hay dos mundos en la vida de la nación, el mundo de los hombres y el mundo de las mujeres. La naturaleza ha hecho bien en confiar al hombre el cuidado de su familia y de la nación. El mundo de la mujer es la familia, el marido, los hijos y el hogar». Una está escrita en inglés y la otra en alemán. Pero ¿dónde está la diferencia? ¿No dicen acaso lo mismo? ¿No son ambas voces de dictadores, ya hablen inglés o alemán, y no estamos todos de acuerdo en que el dictador, cuando lo encontramos en el extranjero, es un animal muy peligroso y también muy feo? Y está aquí entre nosotros, saca su fea cabeza, escupe veneno, pequeño todavía, enroscado como una oruga en una hoja, pero en el corazón de Inglaterra [*ibidem*, 93].

Con esta comparación, Woolf lleva su crítica al nacionalismo a las consecuencias más extremas, pues compara la opresión pública con la opresión privada y apunta que «sugiere que los mundos público y privado están inseparablemente conectados; que las tiranías y servilismos de uno son las tiranías y servilismos del otro» [*ibidem*, 245-246]. Es un replanteamiento radical no solo del nacionalismo y la estructura de los Estados, sino también de la idea de qué es la política y qué relaciones, espacios y comportamientos pueden ser considerados públicos. Woolf propone una extensión de la política que no se desarrolla en clave moral para definir algunos comportamientos impropios o incorrectos, sino que transita entre las líneas de la opresión para mostrar cómo estas no se detienen en la puerta de casa, sino que se alimentan de nuestras relaciones privadas, así como de la cultura en la que vivimos. En la densidad del contexto descrito, en el que no es posible separar estructura y superestructura, lo material y lo simbólico, las mujeres no tienen más remedio que afirmar con fuerza su autonomía a través de la indiferencia y la extrañeza, dejando de reproducir las características de la sociedad que las oprime.

Woolf nos regala así un pensamiento político lúcido y radical, alimentado por la ira, pero capaz de reírsele a la cara a la opresión. Y nos permite pensar en las mujeres como un sujeto político no homogéneo, sino construido por una historia y unas herencias y que solo puede ser subvertido colectivamente mediante una separación, un distanciamiento, una «habitación propia» que se convierte en el mundo entero.

Bibliografía

ALGUNOS TEXTOS Y OBRAS DE VIRGINIA WOOLF

To the Lighthouse [1927], Harcourt Brace, Nueva York, 1981; edición española, *Al faro,* J. L. López Muñoz (tr.), Alianza Editorial, Madrid, 2012.

Orlando: A Biography [1928], Harcourt Brace, Nueva York, 1956; ediciones españolas, *Orlando,* J. L. Borges (tr.), Edhasa, Barcelona, 1984; *Orlando: Biografía,* B. Santano Moreno (ed. y tr.), Cátedra, Madrid, 2024.

A Room of One's Own [1929], Harcourt Brace, Nueva York, 1957; edición española, *Una habitación propia,* A. Mata (tr.), Debolsillo, Barcelona, 2024.

The Second Common Reader [1932], Harcourt Brace, Nueva York, 1932.

Three Guineas [1938], Hogarth Press, Londres, 1938; edición española, *Tres guineas,* A. Bosch (tr.), Debolsillo, Barcelona, 2020.

The Letters of Virginia Woolf, N. Nicolson y J. Trautmann (eds.), 6 vols., Harcourt Brace, Nueva York, 1977-1982.

The Diary of Virginia Woolf, A. Olivier Bell, A. McNeillie (eds.), 6 vols., Hogarth Press, Londres, 1977-1984; edición española, *El Diario de Virginia Woolf,* O. de Miguel (tr.), Tres Hermanas, Madrid, 2017-2023.

A Sketch of the Past, en *Moments of Being,* Harcourt Brace, San Diego, Nueva York y Londres, 1985, pp. 61-160; edición española, *Momentos de vida,* A. Bosch (tr.), Debolsillo, Barcelona, 2009.

OTRAS PUBLICACIONES

ALBEE, E., *Who's Afraid of Virginia Woolf,* Atheneum Books, Nueva York, 1962; edición española, *¿Quién teme a Virginia Woolf?,* A. Mira (tr.), Cátedra, Madrid, 2004.

APPIAH, K. A., *Cosmopolitanism: Ethics in a World of Strangers,* Norton, Nueva York, 2006; edición española, *Cosmopolitismo,* L. Mosconi (tr.), Katz Barpal, Buenos Aires-Móstoles, 2007.

BEAUVOIR, S. de, *Le Deuxième Sexe,* Gallimard, París, 1949; edición española, *El segundo sexo,* A. Martorell (tr.), Cátedra, Madrid, 2017.

BELL, Q., *Virginia Woolf. A biography,* Hogarth Press, Londres, 1972; traducción española, *Virginia Woolf. Una biografía,* M. Pesarrodona (tr.), Lumen, Barcelona, 2022.

BLACK, N., *Virginia Woolf as feminist,* Cornell University Press, Ithaca, 2004.

BRECKENRIDGE, C. A., POLLOCK, Sh., BHABHA, H. K., y CHAKRABARTY, D. (eds.), *Cosmopolitanism,* Duke University Press, Durham, 2002.

BROWN, W., «Rights and Identity in Late Modernity: Revisiting the "Jewish Question"», en A. Sarat y T. R. Keams (eds.), *Identities, Politics, and Rights,* University of Michigan Press, Ann Arbor, 1995, pp. 85-130.

CARTER, J., «Normality, whiteness, authorship: Evolutionary sexology and the primitive pervert», en V. A. Rosario (ed.), *Science and homosexualities,* Routledge, Nueva York, 1997, pp. 155-176.

COLEMAN, L. L., «Woolf and Feminist Theory: Woolf's Feminism Comes in Waves», en B. Randall y J. Goldman (eds.), *Virginia Woolf in context,* Cambridge University Press, Cambridge, 2012, pp. 79-91.

DESALVO, L., *Virginia Woolf: The Impact of Childhood Sexual Abuse on Her Life and Work,* Beacon Press, Boston, 1989.

Fraser, N., «Rethinking the Public Sphere: A Contribution to the Critique of Actually Existing Democracy», en *Social Text,* 25-26 (1990), pp. 56-80.

Garrity, J., «Virginia Woolf, Intellectual Harlotry, and 1920s British Vogue», en P. Caughie (ed.), *Virginia Woolf in the Age of Mechanical Reproduction,* Garland, Nueva York, 2000, pp. 185-210.

Gill, G., *Virginia Woolf: And the Women Who Shaped Her World,* Houghton Mifflin Harcourt, Boston, 2019.

Gunew, S., «Subaltern Empathy: Beyond European Categories in Affect Theory», en *Concentric: Literary and Cultural Studies,* 35, marzo de 2009, pp. 11-30.

Harding, S., *The Science Question in Feminism,* Cornell University Press, Ithaca-Londres, 1986; edición española, *Ciencia y feminismo,* P. Manzano (tr.), Ediciones Morata, Madrid, 1996.

Harris, D. A., «Androgyny: The Sexist Myth in Disguise», en *Women's Studies,* 2.2 (1974), pp. 171-184.

Heilbrun, C., *Toward a Recognition of Androgyny,* Norton, Nueva York, 1993.

Johnston, G., «Virginia Woolf's Talk on the Dreadnought Hoax», en *Woolf Studies Annual,* 15 (2009), pp. 1-45.

Kennard, J. E., «Power and Sexual Ambiguity: The "Dreadnought" Hoax, *The Voyage Out, Mrs.*

Dalloway and *Orlando*», en *Journal of Modern Literature,* 20.2 (1996), pp. 149-164.

LACKEY, M., «Modernist Anti-Philosophicalism and Virginia Woolf's Critique of Philosophy», en *Journal of Modern Literature,* 29.4 (2006), pp. 76-98.

LEE, H., *Virginia Woolf,* Knopf, Nueva York, 1997.

LUCKHURST, N., *Bloomsbury in «Vogue»,* Cecil Woolf, Londres, 1998.

MARCUS, J., «"No More Horses": Virginia Woolf on Art and Propaganda», en EADEM, *Art and Anger: Reading Like a Woman,* Ohio State University Press, Columbus, 1988, pp. 101-121.

MOI, T., *Sexual/Textual Politics* [1985], Routledge, Nueva York, 2002.

MOSSE, G. L., *Nationalism and Sexuality. Respectability and Abnormal Sexuality in Modern Europe,* Howard Fertig, Nueva York, 1985.

PATEMAN, C., *The Sexual Contract,* Stanford University Press, Redwood, 1988; edición española, *El contrato sexual,* M. L. Femenías (tr.), Ménades Editorial, Madrid, 2019.

PHILLIPS, K. J., *Virginia Woolf Against Empire,* University of Tennessee Press, Knoxville, 1994.

RICH, A., «Notes toward a Politics of Location», en EAD., *Blood, Bread, and Poetry: Selected Prose 1979-1985,* W. W. Norton, Nueva York, pp. 210-231.

Robbins, B., *Perpetual war: Cosmopolitanism from the viewpoint of violence,* Duke University Press, Durham, 2012.

Rosner, V. (ed.), *The Cambridge Companion to the Bloomsbury Group,* Cambridge University Press, Cambridge, 2014.

Showalter, E., *A Literature of Their Own: British Women Novelists from Bronte to Lessing,* Princeton University Press, Princeton, 1977.

Stephen, L., *English Literature and Society in the Eighteenth Century,* Barnes & Noble, Nueva York, 1962.

Topping Bazin, N., *Virginia Woolf and the Androgynous Vision,* Rutgers University Press, Nuevo Brunswick, 1973.

Índice

«No hay barrera, cerradura ni cerrojo que puedas imponer a la libertad de mi mente».

Virginia Woolf